ANNALES

DE LA SOCIÉTÉ LIBRE

DES BEAUX-ARTS

TOME XIV.

ANNÉE 1844.

PREMIER CAHIER.

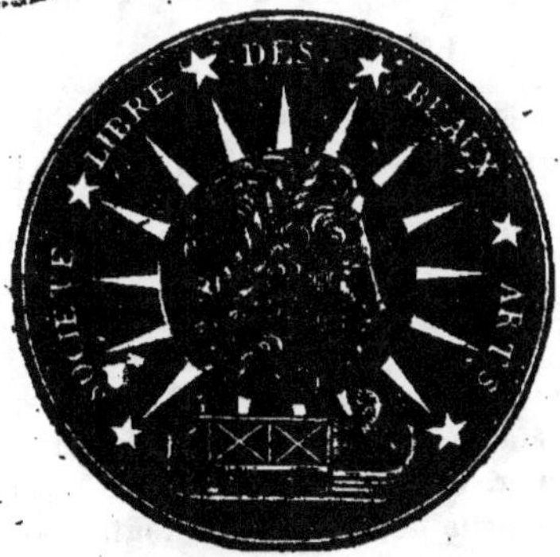

PARIS.

CHEZ CARILIAN-GOEURY ET Vᵉ. DALMONT.

Libraires des corps royaux des Ponts-et-Chaussées et des Mines,
quai des Augustins, 39 et 41.

AVRIL 1845.

ANNALES

DE LA SOCIÉTÉ LIBRE

DES BEAUX-ARTS.

OPINION

Exprimée au nom de la Société libre des Beaux-Arts

SUR LE SALON DE 1845

ET SUR LES TRAVAUX EXÉCUTÉS DANS LES MONUMENTS PUBLICS

Pendant l'année académique 1844-45,

PAR M. JACQUEMART,

Rapporteur des Commissions spéciales du Salon et d'Encouragement
et de recherches [1].

Messieurs, il y a quelque chose de bien ardu dans la tâche qui nous est imposée de venir vous parler de nouveau des travaux d'art exposés partout aux yeux du public, et surtout dans l'obligation où nous sommes d'apprécier, d'une manière impartiale, la critique dont ces travaux sont l'ob-

[1] *Commission du Salon :* M. Péron, président, MM. Hesse, Delorme, Rouget, Rouillard, Maille Saint-Prix, Milon, Crépin, Valois, Brion, Bougron, Dien, Muller, Gelée, Aubry-Lecomte, Albert Lenoir, Lequeux, Hittorff, Aulnette du Vautenet, Mirault, Bareswil; Jacquemart, rapporteur.

Commission d'Encouragement et de recherches : M. Gatteaux, président, MM. Rouillard, Milon, Jacob, Crépin, Husson, Molchnecht, Valois, Albert Lenoir, Lequeux, Bourla, Dormier, Gelée, Delaire, Deldevez, Delaville ; Jacquemart, rapporteur.

jet de la part des journaux. On pourrait craindre de fatiguer votre attention en répétant chaque année les mêmes plaintes, en protestant avec la même énergie contre l'empire fâcheux que tend à acquérir sur l'esprit général cette littérature improvisée qui vient, chaque matin, jeter jusque dans les âmes d'élite des impressions fausses qu'il est ensuite si difficile de faire disparaître.

Tel est notre devoir cependant, et vous comprendrez, messieurs, la persistance que nous mettons à le remplir si, repliant votre esprit sur lui-même, vous voulez bien vous rappeler au nom de qui nous vous parlons, réfléchir à la valeur de ce mot : *artiste* !

Les artistes forment dans le monde une phalange à part ; leurs travaux, résultat de sérieuses études, ont pour but de parler aux masses, de remuer en elles tout ce qu'il y a de sentiments généreux et de nobles instincts. Pour marcher avec confiance vers ce but, il faut donc que le peintre, le statuaire, soit bien persuadé que son œuvre trouvera d'abord un public, puis des juges. Le jour où le premier devient indifférent, où les autres cessent d'être impartiaux, l'art disparaît, il ne reste plus qu'un métier, fort beau, sans doute, mais indigne de sa noble origine, dévié de son importante destination.

Eh bien ! ce scepticisme a déjà fait d'immenses progrès dans l'École française ; nous n'irons pas dire, avec certains journaux, que nos mœurs sont la cause de la transformation des œuvres d'art ; non, les salons des riches sont encore assez grands pour recevoir des œuvres capitales ; le génie, d'ailleurs, n'a pas besoin, pour manifester sa puissance, d'une toile gigantesque, d'un sujet à fracas ; si nous voyons le peintre descendre au genre facile, renoncer à la conception du grand pour montrer seulement l'habileté de la brosse, disons-le donc, c'est qu'il manque de foi.

Comment en serait-il autrement en présence de la critique quotidienne ? Qu'y trouve-t-on, d'ordinaire ? La louange continuelle et prévue de certaines individualités ; si les ouvrages sont faibles, qu'importe, on érigera leurs défauts en qualités précieuses, et l'éloge n'en sera que plus pompeux. Qu'arrivera-t-il aux artistes de bonne foi ? Lisant cela, d'abord ils croiront rêver, puis, le voyant répéter de toutes parts, ils commenceront à douter de leur jugement, et finiront par ne plus croire même à leurs principes, même à la science ! Ce n'est pas tout : le public, à son tour, arrive par une route différente au même résultat. Conduit par cet instinct merveilleux qui porte la foule à l'admiration du vrai beau, l'homme du monde pénètre dans les galeries, préparé à des émotions qu'il ne saurait éprouver ; étonné de se trouver froid devant les morceaux les plus vantés, il finit par croire à son incompétence, et devient indifférent pour les brillantes productions vers lesquelles son goût l'entraînait d'abord.

Depuis longtemps les esprits justes sont frappés des inconvénients de l'institution actuelle du jury d'admission. On tremble en songeant qu'un caprice, un hasard peuvent influer d'une manière funeste sur la carrière d'un artiste, en l'empêchant d'arriver devant ses véritables juges ; bien des protestations se sont élevées contre cette tyrannie inconséquente ; les hommes les plus honorables se retirent, peut-être à tort, de cette chambre ardente, pour ne pas partager la honte de certains refus : qu'arrive-t-il ? les journaux aussi protestent à leur manière, en invoquant certaines incapacités rendues célèbres par leurs défaites seules ; chacun, alors veut voir les œuvres capitales au nom desquelles les feuilletonistes ont anathématisé le jury ; et les hommes de goût, d'abord ébranlés par des plaintes générales, reviennent convaincus que le jury seul a raison. Voilà comment la presse aide à la manifestation de la vérité, à l'avancement des réformes utiles !

Mais c'est assez ; entrons dans les salons du Louvre ; là, les concurrents sont en présence, le jugement est facile à qui veut examiner sans prévention. L'aspect de cette exposition est satisfaisant à certains points de vue, fâcheux à d'autres. On regrette tout le talent qui s'y voit dépensé sans but ; l'on regrette plus sérieusement encore de voir ceux qui ont essayé d'atteindre jusqu'à la haute peinture, rester presque toujours en route faute d'haleine, ou dépasser le but. La presse, à cet égard, a-t-elle trouvé moyen de faire entendre la vérité ? Bien loin de là : que n'a-t-on pas dit d'élogieux sur certaines toiles où rien, conception, dessin, ni même couleur ne se fait remarquer ; où la vérité historique, si facile à constater par les monuments sans nombre d'une des belles époques de Rome, a été foulée aux pieds, nous le répétons, sans compensation aucune. A côté de cela on a gardé le silence sur des œuvres pleines de qualités, qu'une conception sage, un effet bien entendu devaient placer en première ligne. Le tableau de M. Horace Vernet a donné lieu, il est vrai, à une longue polémique ; pour les uns cette immense toile a été l'occasion d'une mesquine diatribe contre la gloire de nos soldats ; pour d'autres l'œuvre a été sacrifiée à une élogieuse réclame en faveur de quelques peintres qui ont vu l'Afrique avec une couleur que personne n'a retrouvée depuis, excepté sur certaines palettes oubliées. Est-ce là, bon Dieu ! la mission de la critique ? avouez donc que M. Vernet a tracé son tableau de main de maître, qu'il a mis une harmonie bien rare dans une scène dont la dissémination est une qualité, puisqu'il s'agissait de donner l'idée d'une action complexe mêlée d'incidents divers, et non de combiner un groupe plus ou moins pittoresque ; avouez enfin que si quelques points laissent à désirer dans cette œuvre, chacune de ses parties suffirait à l'illustration d'un artiste de vos amis.

Le tableau de genre et de chevalet continue à

envahir le domaine des arts ; nous venons de dire pourquoi ; la critique consciencieuse doit, conséquemment, s'attacher d'une manière sérieuse à l'appréciation des œuvres de cette nature. Il est bon, d'ailleurs, de s'entendre sur la valeur de cette dénomination de *tableaux de genre*. Est-elle basée sur la dimension des toiles, sur la nature des sujets ? A-t-elle pour objet de limiter le peintre de genre dans la représentation fidèle, mais simple, des scènes familières ? Poussin, dans des cadres étroits renfermait les conceptions les plus élevées qu'ait jamais combinées l'esprit humain ; Sneyders, Wenix étendaient sur de vastes toiles leurs admirables natures mortes qui sortent sans nul doute du genre historique.

Basée sur l'étude des maîtres anciens, nos modèles en tout, la définition du genre deviendra donc facile, et nous reconnaîtrons que l'étendue qu'il embrasse aujourd'hui est beaucoup trop vaste, et offre une pente fatale sur laquelle nos peintres se laissent facilement entraîner; aussi considérerons-nous, malgré l'opinion contraire des critiques, M. Robert Fleury comme peintre d'histoire, et nous lui reprocherons à ce titre de se laisser entraîner à produire des émotions par l'horreur des sujets qu'il traite, alors que son incontestable talent, la richesse de sa palette, la puissance d'expression qu'il possède, le mettraient à même d'attirer vivement l'attention sans sortir des règles du bon goût. Il ne faut pas perdre de vue, comme nous l'avons fait pressentir déjà, que la peinture a une mission civilisatrice à remplir, et qu'elle doit venir en aide à l'autorité pour la moralisation des masses ; si nos mœurs repoussent de plus en plus le spectacle hideux de l'échafaud, si l'on a reconnu que la vue des plus affreux supplices excitait plus de férocité que de crainte parmi la tourbe où se recrutent les criminels, est-ce au peintre à vulgariser des plaies que la société cache encore jusqu'à ce qu'elle puisse les fermer complétement ? Nous livrons ces réflexions à l'auteur de l'auto-da-fé, parce que chez lui nous trouvons tous les éléments nécessaires pour faire bien dans une voie meilleure.

Au point de vue du genre, M. Hunin nous paraît être resté dans les limites du convenable : voilà une scène simple, dont la lecture est facile à tous les esprits, parce que chaque personnage est bien dans son rôle, et exprime ce que le peintre a voulu lui faire dire. Nous n'ajouterons qu'un mot qui s'adressera à beaucoup d'exposants. Dans l'exécution des petits tableaux on se laisse quelquefois entraîner à un fini qui tombe dans la sécheresse et le poli; c'est là un écueil à redouter, et contre lequel les Mieris, les Gérard Dow ont su s'arrêter à temps,

M. Brascassat a exposé plusieurs toiles d'un mérite incontestable sur lesquelles nous nous arrêterons, parce que l'artiste a été, de la part de la presse, et en particulier du *Constitutionnel,* l'objet de critiques inconvenantes et passionnées. Les tableaux de M. Brascassat sont, il est vrai, peut-être inférieurs à ses anciennes productions par le soin même qu'il a pris pour les rendre meilleurs ; poursuivi par le souvenir des éloges prodigués naguère à un artiste étranger, il a voulu, comme celui-ci, porter le fini d'une manière égale dans toutes les parties, et il a perdu quelque peu de l'énergie qui brillait dans le combat de taureaux exposé en 1842. Pourquoi M. Brascassat a-t-il erré de la sorte? c'est pour avoir prêté l'oreille à ce bruit de la presse qu'il est si difficile à l'artiste de mépriser ; c'est en un mot pour avoir manqué de foi en lui-même. Les critiques de cette année répareront le mal par leur excès même, car l'homme de génie, si timide qu'on le suppose, ne peut hésiter entre son inspiration et l'injure niaise et maladroite.

Le paysage se soutient toujours à une hauteur satisfaisante ; deux écoles cependant se disputent les galeries : l'une voit la nature telle qu'elle est, avec ses mille détails, ses nuances infinies, ses accidents physiques ; l'autre prétend choisir, elle vise au style, à l'idéalisation de la nature. C'est à celle-ci que la presse réserve ses éloges, et elle les dispense de manière à faire voir combien il est facile d'errer dans la définition du style ; entre les belles et nobles conceptions du Poussin, du Guaspre, de Philippe de Champagne, et celles dont certains journaux chantent la louange, il existe cependant des différences que tout homme de goût saisira facilement. Cette simple observation doit suffire à nos paysagistes dont le faire est si facile aujourd'hui, et qui feront du style le jour où ils voudront réfléchir sérieusement sur la valeur de ce mot.

Nous nous apercevons un peu tard que nous avons gardé le silence sur les portraits ; mais en vérité, pareil oubli serait bien pardonnable, car le portrait devient une pierre d'achoppement pour les beaux-arts ; que de talents s'égarent dans cette fausse voie ! Quelle différence entre la vraie peinture, comme la comprenaient Vandyck, Rubens, et ce je ne sais quoi, rosé, lustré, chatoyant, qu'on appelle de nos jours le portrait. Il serait temps que la sévérité du jury se manifestât dans cette direction, et mît un terme à ce déluge de choses sans nom qui couvre le quart des salons du Louvre. Le portrait de M. Molé, celui de femme, exécuté par M. Léon Cogniet, sont là heureusement pour servir de pierre de touche à ceux qui veulent retrouver les traditions du style dans ce genre intéressant.

La statuaire est un art qui perd difficilement son sérieux ; l'homme aux prises avec un bloc de marbre ne peut guère oublier, d'après la solidité de la matière, qu'il aura des siècles pour juges ; aussi les écarts ont été rares dans cette partie de notre école, et, cette année, tout le monde, à peu près, semble être rentré dans les traditions du vrai beau ; sagesse de conception, rectitude de formes, conscience de détail, se trouvent dans la majorité des œuvres exposées, et, dominant tout le reste par la suavité de ses contours comme par la noblesse de son maintien, la *Phryné* de M. Pradier préside gracieusement cette assemblée qui nous annonce hautement combien la sculpture française est encore riche d'avenir.

La Société libre des Beaux-Arts a souvent exprimé ses sympathies pour une branche de l'art qui les mérite à tous égards, la gravure; nous devons donc regretter de voir les œuvres capitales en aussi petit nombre à l'Exposition. Nous le savons, la gravure ne reçoit pas tous les encouragements qu'elle mérite, l'exercice de cette carrière est une lutte; mais il ne faut pas faiblir au moment du triomphe; au burin seul il appartient de rendre d'une manière intelligente la couleur, l'harmonie, la poésie des grandes œuvres picturales, et le jour n'est pas éloigné où cette conviction, gagnant la foule, rendra à la gravure toute sa splendeur passée.

Les architectes apportent chaque année au Salon des œuvres remarquablement exécutées et que l'on peut examiner de deux points de vue; les unes, purement spéculatives, ont pour objet d'ajouter aux matériaux déjà si nombreux que l'archéologie fournit à l'histoire; les autres, pratiques, ont en vue l'amélioration des monuments publics ou la construction de ceux qui n'existent encore qu'en projet. Dans la première direction nous adresserons des éloges à **MM**. Toudouze et Malpièce dont les travaux sont pleins d'intérêt ; quant aux projets, nous ferons remarquer aux auteurs l'inconvénient qu'il peut y avoir à créer dans le vide, c'est-à-dire à ne point se préoccuper de l'espace qu'une grande ville peut offrir pour l'érection de ses monuments ni des sommes que la raison peut permettre d'accumuler dans une masse de pierres donnée.

Plusieurs fois déjà nous vous avons conviés, Messieurs, à l'appréciation des travaux d'art exécutés dans les monuments publics ; la presse a senti comme nous que cette appréciation se liait intimement à la revue du Salon, et plusieurs journaux ont réuni les deux objets dans une même critique. Ce fait ne peut que rendre notre mission encore plus impérieuse cette année, car combien de faux principes peuvent être avancés à l'égard de la peinture monumentale ! Les uns voudront en faire un accessoire purement décoratif et refuseront au peintre la liberté de produire autre chose que des images planes et sans profondeur ; les autres penseront que la peinture, reine partout, a le droit de percer, par ses perspectives, les parois qu'elle couvre. Au milieu de ce conflit, des tâtonnements sans nombre se manifesteront si l'Administration, négligeant la haute direction qui lui est confiée, laisse des genres antagonistes, des individualités antipathiques s'introniser dans un même temple au détriment de l'ensemble architectonique,

au détriment des œuvres elles-mêmes. Tel est cependant le tableau qui nous est offert dans un
grand nombre d'édifices, et l'on ne peut, en con-
templant ce chaos, s'empêcher de jeter un regard
en arrière pour comparer le présent au passé. Re-
culons seulement jusqu'au grand siècle ; alors
pourtant Lesueur s'enfermait dans un cloître,
Poussin s'exilait pour échapper à la tourbe des
médiocrités picturales, mais Lebrun restait, et,
dominant de son mérite tout ce qui l'entourait, il
disciplinait ces pensées, il rassemblait en un fais-
ceau ces faibles lumières pour en faire jaillir une
flamme dont l'éclat dure encore. Est-ce à dire
qu'il faille regretter un tel état de choses ; pense-
rions-nous qu'on dût soumettre au joug d'une vo-
lonté unique toutes les intelligences artistiques
dont s'honore la France ? Non, Messieurs, nous ne
voudrions pas formuler une aussi absurde propo-
sition ; en citant le siècle de Louis XIV nous avons
voulu faire voir ce que pouvait créer un génie
comme celui de Lebrun, même avec des éléments
mauvais. Aujourd'hui les talents existent, il ne
s'agit que de les associer avec intelligence pour
produire en tous lieux l'harmonie ; mais c'est là,
selon nous, le devoir que l'Administration néglige
trop souvent et vers lequel la presse ne la rappel-
lera certes pas. Nous allons le prouver : à Saint-
Germain-l'Auxerrois, des travaux importants ont
été exécutés dans plusieurs chapelles ; à peine celle
de M. Couder était-elle ouverte que le journal *la*

Presse déclarait n'avoir pas même pu considérer cette tenture de papier peint; faut-il dire maintenant d'où provenait une critique aussi indécente? le voici : obligé de peindre dans un endroit privé de lumière, M. Couder avait compris qu'il ne pouvait rendre ses figures visibles qu'en les maintenant dans une gamme légère; il a donc fait de la peinture décorative comme les anciens en exécutaient souvent : fonds pâles et ornementés, draperies douces, lumière largement répartie, telles sont les données que le bon sens indiquait à l'artiste et dans lesquelles il a trouvé moyen, quoi qu'on en dise, de développer un vrai talent. Mais à côté et dans des conditions de jour analogues, des peintures à fond sombre, à teintes rembrunies augmentent, par leur présence, la profondeur des replis de l'édifice et rendent plus saillants des défauts qu'il fallait dissimuler. Ici c'est donc la qualité de l'ouvrage de M. Couder qui a excité la critique; avec un voisinage différent ses tableaux devenaient accessibles à toutes les intelligences. Une réflexion ressort nécessairement de ce qui précède; si l'on avait véritablement l'intention d'obtenir des résultats convenables, il faudrait que les peintres et les architectes, chargés des travaux d'un même édifice, formassent ensemble un conseil où les plans, les esquisses seraient discutés; on éviterait ainsi des mécomptes dont le public et les artistes eux-mêmes deviennent victimes, le jour où un travail est livré à l'impatience de la foule.

L'administration municipale à laquelle les artistes doivent tant, donne, à cet égard, un exemple bien louable que nous sommes heureux de proclamer dans cette enceinte. La petite église de Saint-Louis–d'Antin a été décorée par ses soins ; les trois artistes chargés de cette décoration , MM. Signol, Bezard et Sébastien Cornu, ont produit un ensemble aussi complet qu'harmonieux. Non moins heureuse dans ses autres choix , la Ville a chargé M. Auguste Hesse des peintures de la chapelle de la Vierge , à Notre-Dame-de-Bonne-Nouvelle, et cet artiste a manifesté là un goût, un talent déjà justement appréciés. M. Delorme , lui, avait à faire un travail plus important encore à Saint-Gervais ; unissant avec art la pureté des formes et l'agencement imposé par l'architecture ogivale et les verrières précieuses de cette vénérable église, M. Delorme a représenté les phases principales de la vie de la Vierge, avec un bonheur d'expression, un rendu de détail qui lui font le plus grand honneur ; des médaillons symboliques et les figures des principales vertus chrétiennes achèvent de relier les tableaux au reste de l'ornementation ; cette chapelle, ainsi comprise et exécutée, formera certes un des morceaux capitaux dus à la bienveillance éclairée que M. le préfet de la Seine et le Conseil municipal manifestent pour les beaux-arts.

Puisque nous parlons des avantages de l'harmonie, nous ne pouvons manquer de mentionner une église récemment livrée au culte, et dont l'ensem ble et les détails sont des plus satisfaisants, celle de la Villette. Dominé par la pensée vraie que la destination d'un édifice doit être écrite dans sa forme même, que l'extérieur doit en faire deviner la conformation intérieure, notre collègue, M. Lequeux, a bâti à peu de frais une petite basilique d'une simplicité riche, d'une convenance parfaite ; l'abside peinte, l'ambon, les fonts baptismaux, toutes choses connues, sont combinés avec une pureté de style, un bonheur de détail qui sont la marque suprême du talent.

Nous voudrions aussi payer un juste tribut d'éloges à un de nos collègues qui n'est plus, M. Lepère, et à son digne continuateur, M. Hittorff, au sujet de l'église de Saint-Vincent-de-Paul ; mais, à la demande de ce dernier, nous remettons notre appréciation jusqu'au jour où la peinture sera venue compléter un monument qui la réclame, et dont la pensée ne saurait être entièrement saisie en l'absence de cet important élément décoratif.

MM. Lehmann, Abel de Pujol, Vauchelet, Decaisne, Picot, Amaury Duval, ont exécuté, soit au palais de la Chambre des Pairs, soit à Saint-Merry, ou à Saint-Denis-du-Saint-Sacrement, des ouvrages où se révèle un vrai mérite ; nous redirons toutefois, en thèse générale, que les artistes doivent redouter l'archaïsme en peinture religieuse ; les sujets chrétiens ne s'accommodent pas mieux de l'allure païenne des productions romaines, que de l'élongation par trop naïve des premières peintures du moyen âge. Il y a pour tout cela une règle certaine, celle du bon goût.

Nous renouvellerons d'ailleurs, à cet égard, le vœu que nous émettions tout à l'heure : que l'administration des Beaux-Arts aborde franchement sa mission, qu'elle dirige efficacement les travaux ; qu'elle fasse de ses commandes autre chose que des faveurs personnelles, et le public comprendra à quoi peut être utile le vote des fonds alloués chaque année au budget des Beaux-Arts.

Nous ne terminerons pas ce rapide aperçu, déjà bien long, sans dire un mot de la peinture émaillée sur verre ; ses produits ont été nombreux cette année. Saint-Pierre de Chaillot nous a montré des vitraux d'un beau style, dessinés par M. Auguste Hesse ; M. Maréchal, de Metz, a décoré toutes les croisées de Saint-Vincent-de-Paul, et découvert deux grandes verrières à Saint-Germain-l'Auxerrois ; nous croyons devoir adresser à cet artiste des observations qu'un homme de son talent saura rendre fructueuses. La peinture sur verre a une destination qu'il ne faut pas perdre de vue ; appelée à clore de grandes ouvertures, elle doit conserver une transparence convenable et modérer le mélange des tons, de manière à laisser pénétrer une lumière douce et suffisante ; à Saint-Germain-l'Auxerrois, M. Maréchal a manqué à l'une de ces conditions, en réunissant de grandes masses ornementales d'un ton vif dont l'éclat blesse l'œil ; à Saint-Vincent-de-Paul, il s'est quelquefois écarté de la seconde en poussant au ton bistré quelques-unes des carnations ; cette tendance, **M.** Maréchal, entraîné sans doute par le besoin du modelé, la manifeste depuis longtemps, et son travail du Salon pourrait faire craindre qu'elle ne finît par l'égarer ; la peinture sur verre ne doit pas chercher à rivaliser avec les tableaux, chez elle la solidité des tons devient un défaut.

On a pu le voir par ce que nous avons dit, beaucoup de productions honorables ont été livrées à la curiosité publique, soit au Salon, soit ailleurs : il ne faut donc point s'alarmer encore pour l'avenir de l'école, si, surtout, les artistes veulent avoir les yeux constamment ouverts sur les dangers qui les entourent. Ces dangers, d'une part, c'est la fausse louange, la critique injuste ; de l'autre, c'est l'indifférence et le mauvais goût excités par les écarts de la presse. Entre celle-ci et le public, les artistes nous trouveront toujours, toujours ils pourront en appeler à cette assemblée d'élite qui ne craint pas de venir entendre ici la vérité, qui daigne souvent la sanctionner d'une manière si honorable pour nous par ses applaudissements.

Il ne vous échappera pas, Messieurs, que la Société libre des Beaux-Arts a cru devoir, dans ce compte-rendu, franchir la limite qu'elle s'était imposée précédemment et qu'elle a renoncé en partie aux formes détournées pour citer des noms propres. Nous pensons que c'est là un progrès nécessité par l'importance de notre mission ; que sert devant vous une phraséologie dont la transparence n'en impose à personne, et laisse deviner le mot comme s'il avait été prononcé? Pourquoi, d'ailleurs, reculer en quelque sorte devant un devoir sacré, n'accepter point les conséquences de la position qu'on s'est faite. La Société a voulu réparer envers un grand nombre les injustices de la presse; elle l'a fait avec cette convenance dont s'entoure invariablement une conscience sûre d'elle. Nos éloges ne sont point des flatteries, les conseils que nous avons cru pouvoir adresser ont pour mobile l'intérêt de l'art et des artistes : la Société libre ne craint donc pas plus de désigner personnellement ceux à qui s'adressent ses observations, qu'elle ne redoute la discussion de ses jugements généraux.

Une dernière observation avant de terminer. Nous pensons avoir été compris; mais il pourrait se trouver dans cette enceinte des personnes qui conservassent quelque étonnement des attaques dirigées contre la presse par une classe d'hommes connue par son amour pour la liberté de la pensée, pour l'indépendance des sentiments. Tel est, en effet, le caractère des artistes, et ils sont fiers ici de proclamer d'aussi nobles principes; mais les artistes savent distinguer entre la liberté et la licence ; s'ils reconnaissent au public le droit de juger leurs œuvres, ils ne veulent pas que ce jugement soit faussé par des individualités passionnées ou ignorantes ; nos réclamations atteignent donc moins la presse que les écrivains dont elle se sert. Il ne suffit pas pour venir se placer entre l'avenir d'un homme et le public, d'avoir à sa disposition un style plus ou moins spirituel, assaisonné de quelques termes d'atelier ; pour apprécier la peinture, la statuaire, il faut des connaissances spéciales. Eh bien ! que la presse comprenne ses devoirs à cet égard, qu'elle mette en des mains habiles une tâche importante, glorieuse, et elle nous verra les premiers applaudir à ses jugements, remercier, au nom des beaux-arts, ceux qui se seront livrés à cette utile mission. Mûs par ce sentiment de justice, nous féliciterons le *National*, le *Courrier Français*, le *Journal des Débats*, de la dignité avec laquelle ils ont compris leur devoir ; nous ne partageons pas complétement les opinions professées par ces feuilles, mais au moins leur critique est basée sur les principes de l'art, elle est sérieuse, mesurée, et lors même qu'elle tombe, par suite de la divergence individuelle des opinions, sur des points contestables, elle demeure encore respectable par l'empreinte de bonne foi qu'elle conserve.

Pour nous, notre ambition ne va pas plus loin ; vous convaincre de la pureté de nos intentions, ranimer par nos paroles le courage de ceux qui reculent devant les mécomptes nombreux d'une carrière où l'intrigue n'eût jamais dû pénétrer ; rendre à tous la foi pour les beaux-arts, cette religion gravée dans les cœurs bien nés, tel est notre but ; il sera pleinement atteint, si, sortant de cette enceinte, nous trouvons les uns plus disposés à saisir leurs pinceaux avec ardeur, les autres plus envieux de pénétrer dans les musées et les temples, plus disposés à céder à leurs impressions à la vue des œuvres d'art, et, chaque année réunis par la même pensée, nous frapperons de nouveau la même veine du cœur humain ; si nous en faisons jaillir l'étincelle, l'avenir des arts est assuré, car le foyer le plus étroit peut devenir le point de départ d'un embrasement universel.